VENTE
du Samedi 20 Juin 1914
HOTEL DROUOT, SALLE N° 9
A 2 heures précises

EXPOSITION PUBLIQUE
Le VENDREDI 19 JUIN 1914
de 2 heures à 6 heures

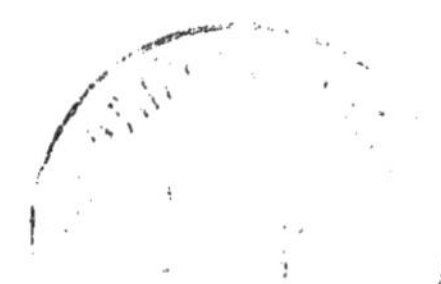

ESTAMPES ANCIENNES

PREMIÈRE PARTIE

Très Belles Estampes
en Couleurs du XVIIIe Siècle

Appartenant à M. S. S.....

DEUXIÈME PARTIE

Estampes Anciennes et Modernes
Portraits gravés à la manière noire
etc.

Me LAIR-DUBREUIL
COMMISSAIRE-PRISEUR

M. LÉO DELTEIL,
EXPERT

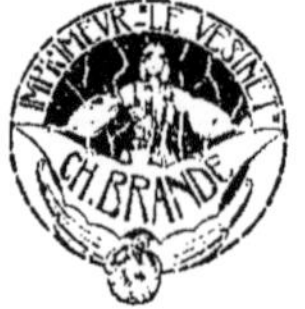
IMPRIMEUR-LE VESINET
CH. BRANDE

TRÈS BELLES ESTAMPES

en Couleurs du XVIIIe Siècle

Estampes Anciennes & Modernes

Portraits gravés à la manière noire

etc.

Conditions de la Vente

La Vente sera faite au comptant.

Les adjudicataires paieront *dix pour cent* en sus des enchères.

M. Léo Delteil remplira les commissions que voudront bien lui confier MM. les Amateurs ne pouvant y assister.

MM. les Amateurs pourront visiter la collection, du *Vendredi 12 au Jeudi 18 Juin 1914*, **38, rue de Châteaudun**.

ORDRE DE LA VACATION

Estampes anciennes et modernes . . . . . n°s 12 à 156

Estampes en couleurs du XVIIIe siècle . . . n°s 1 à 11

CATALOGUE
DE
Très Belles Estampes
EN COULEURS DU XVIIIe Siècle

par DEBUCOURT, JANINET, LE CŒUR ET DESCOURTIS

Appartenant à M. S. S.....

ESTAMPES ANCIENNES & MODERNES

Portraits Anglais gravés à la manière noire

Dont la vente aura lieu à PARIS

HOTEL DROUOT, SALLE N° 9 *le SAMEDI 20 JUIN 1914*

à 2 heures précises

COMMISSAIRE-PRISEUR	EXPERT
Me F. LAIR-DUBREUIL	M. LÉO DELTEIL
6, Rue Favart	Marchand d'Estampes
PARIS	*38, Rue de Châteaudun, 38*

Exposition Publique

Le Vendredi 19 Juin 1914, de 2 h. à 6 h.

SALLE 9

Première Partie

DEBUCOURT (P. L.)

1. **Le Menuet de la Mariée ;**
La Noce au Château.

Deux pièces faisant pendants, publiées en 1786 et 1789 (M. Fenaille nos 8 et 21).

Superbes épreuves **imprimées en couleurs, avant toute lettre**, seulement les inscriptions : *Peint et gravé par Debucourt, peintre du Roi, 1786, et Debucourt, 1789.* La 2e est *avant les armes.* — Marges.

Très rare de cette qualité.

2. — **Promenade de la Gallerie du Palais Royal.**
1787. *A Paris, Cour du Vieux Louvre...* (11).

Superbe épreuve **imprimée en couleurs,** *du 1er tirage, avant* la correction au mot *imprimé* qui est ici écrit : *Emprimé,* et avant les nos inscrits au-dessus des boutiques. Petites marges.

3. — **Heur et Malheur ou la Cruche cassée ;**
L'Escalade ou les Adieux du matin.

Deux pièces faisant pendants, publiées en 1787. *A Paris, chez l'Auteur* (12 et 13).

Très belles épreuves **imprimées en couleurs** et avec marges.

4. — **La Croisée** (28).

Très belle épreuve **imprimée en couleurs à la poupée**, *avec l'adresse de Depeuille.* Belles marges.

5. — **La Promenade Publique**, 1792 (33).

Pièce capitale du maitre.
Superbe épreuve **avant la lettre, imprimée en couleurs**, seulement les inscriptions à gauche : *Dessiné et gravé par Debucourt, Peintre et graveur.* — Marges.

6. — **Minet aux aguets.** *A Paris, chez Depeuille* (57).

Superbe épreuve **imprimée en couleurs** et avec marges. Rare en cet état, la plupart des épreuves étant coloriées.

JANINET (F.)

7. **Mademoiselle Du T*** (Duthé)**. D'après Le Moine. *A Paris, chez Basan et Poignant.*

Très belle épreuve **imprimée en couleurs.** Marges.

LAWREINCE (d'ap. N.)

8 **L'Aveu difficile.** Gravé par Janinet, 1787 (E. Bocher 8).

Superbe épreuve **imprimée en couleurs**, et **avant toute lettre**, seulement le nom de Janinet à la pointe à droite au-dessous du trait carré. Grandes marges.
Rare en pareille condition.

9. — **L'Indiscrétion.** Gravé par Janinet, 1788 (30).

Superbe épreuve **imprimée en couleurs et avant toute lettre**, le nom seul de Janinet à la pointe à droite sous le trait carré. — Grandes marges.
Rare en pareille condition.

LE CŒUR (L.)

10. **Le Colin-Maillard.**

Cette estampe très rare a été attribuée aussi à Janinet, d'après Lawreince; elle existe aussi sous le titre : Le Bandeau favorable.

Magnifique et toute première épreuve **imprimée en couleurs**, non seulement **avant toute lettre**, mais encore *avant les armes*, qui, dans les épreuves postérieures, se trouvent au milieu de la Composition.

Etat non décrit, sinon unique, du moins de la plus grande rareté. — Marges.

TAUNAY (d'ap. J. R.)

11. **Noce de Village ;**
Foire de Village.

Deux pièces faisant pendants, gravées par Descourtis. *A Paris, chez Descourtis.*

Superbes épreuves **imprimées en couleurs**, du *Premier tirage, avec les armes.* — Grandes marges.

Deuxième Partie

ALDEGREVER (H.)

12. **Le Jugement de Salomon** (B. 29) ; **Histoire de Suzanne,** 1555. 2 p. (sur 4) (30 et 32) ; **Les Travaux d'Hercule**, 1550. 5 p. (sur 13) ; **La Fortune**, 1549 (106) ; **Des Enfans qui veulent précipiter deux de leurs compagnons dans un puits,** 1539 (267), etc. — Réunion de 16 pièces.

ARDELL (J. Mac.)

13. **Mrs Flora Macdonald. — Griselda, C[ss] Stanhope.** Deux portraits d'après A. Ramsay, *à la manière noire.* Belles épreuves.

BALECHOU (J. J.)

14. **La Tempête.** D'après J. Vernet. Bonne épreuve encadrée.

BARTOLOZZI (F.)

15. **Nymph Bathing : Nymph au Bain.**
Venus Bathing : Vénus au Bain.
Deux pièces faisant pendants. D'après J. B. Cipriani. *London, pub. 1800 by W. Dickinson.* In-fol.— Superbes épreuves à toutes marges.

16. — **The Triumph of Beauty and Love.** D'après Cipriani. In-4 en largeur. Très belle épreuve **imprimée en couleurs.** Marges.

BARTOLOZZI (F.) - CHEESMAN (J.)

17. **The Death of Lindamore.** D'ap. Rigaud. *Imprimée en couleurs.* — **Adelaide.** 1792. *Imp. en bistre.* — **Andrew Kippis.** D'après Artaud, 1792. — **Pizani.** D'après Pellegrini, 1793. *Epreuve avant toute lettre.* Quatre pièces. Belles épreuves.

BARTOLOZZI (d'ap.)

18. **Innocence; Simplicity.** — Deux pièces faisant pendants. Gravées par A. Zaffonato et G. Venzo. — Belles épreuves *imprimées en couleurs.*

BEAUDOUIN (d'ap. P. A.)

18 *bis*. **Le Fruit de l'Amour Secret.** Gravé par Voyez jeune. Belle épreuve, mais avec le titre et la dédicace épidermés. Encadrée.

19. — **La Soirée des Tuileries.** Gravé par Simonet. Belle épreuve, mais incomplète de l'encadrement. Encadrée.

BAURN (d'ap. J. G.)

19 *bis*. **Jardins, Palais, Ports, etc., d'Italie.** *1671.* Titre et 37 planches gravées par Melch. Kussel, en un album in-4, oblong.

BEAUVARLET (J.)

20. **La Marchande d'Amours.** D'après Vien. *A Paris, chez l'Auteur.* In-fol. en larg. Belle épreuve.

BEHAM (H. S.)

20 *bis*. **L'Homme de douleurs,** 1520 (B. 26); **S. Sebalde,** 1521 (65); **Trajan** (82); **Hercule terrasse le lion de la forêt de Némée,** 1548 (106); **Noces de village,** pl. 8 (173); etc. — Réunion de 13 pièces.

BERVIC (Ch.) - DESNOYERS (A. Boucher)

21. **L'Education d'Achille ; L'Enlèvement de Déjanire.** 2 pièces faisant pendants, d'après Regnault et Guido Reni. — **Phèdre et Hippolyte,** d'après P. Guérin. — **Eliezer et Rebecca,** d'après Poussin. Quatre pièces, belles ép. encadrées.

BOILLY (d'ap. L.)

21 *bis*. **La Douce Impression de l'Harmonie.** Gravé par Wolff. — Très belle épreuve **imprimée en couleurs,** sans marges. Encadrée.

BONNET (L.)

22. **Diane an Bain**. D'après Beaufort. *A Paris, chez Bonnet*. Bonne ép. *imp. en plusieurs tons*. Petite déchirure dans la pièce et quelques taches de mouches.

22 *bis*. — **La Petite Lessive**. D'après F. Boucher, n° 58. Epreuve *imprimée en sanguine*.

BOUCHER (d'ap. F.)

23. **L'Agréable leçon**. Gravé par Gaillard. Très belle épreuve de tirage postérieur. Encadrée.

BRY (Theod. et J.-Th. de)

24. **Le Triomphe de Bacchus. — L'Age d'or, 1608. — Marche de soldats avec des prisonniers.** — **Grotesques.** Titre, etc. — Cinq pièces.

CALLOT (J.)

25. **La Tentation de S. Antoine.** — Epreuve encadrée.

CARÊME (d'ap.)

26. **La Petite Thérèse.** Gravé par J. Couché. *Reproduction*. Belle épreuve encadrée.

CARRACHE (A.)

27. **Le Couronnement d'Epines.** 1606 (B. 3). Belle ép. provenant des *Collections Galichon et Didot*. — **Jupiter et Antiope**, 1592 (17). — Deux pièces, belles épreuves.

CHARDIN (d'ap. S.)

28. **Le Château de Cartes.** Gravé par S. Duflos. Belle épreuve avec marges (E. Bocher 11B).

CIPRIANI et QUEVERDO (d'ap.)

29. **L'Agréable Distraction ; la Jeune Veuve.** Deux pièces faisant pendants, de forme ovale. Gravées par Michel et Mensold. *A Paris, chez Bance*. Nos 111 et 112. — Très belles épreuves.

COSSE (d'après)

30. **Affiction d'une Famille qui a perdu un de ses enfants. — Joie de la Famille en retrouvant l'enfant qui s'était perdu.** Deux pièces faisant pendants. Gravées par M. Peace. *London, pub. by Schiavonetti, 1798*. Gr. in-fol. en larg., au pointillé.

Epreuves *imprimée en couleurs*, la 1re en bel état, la 2 ayant quelques éraflures. Encadrées.

COSWAY (d'ap.)

31. **Mrs Udney.** Gravé par F. Bartolozzi. Superbe épreuve *avant la lettre*, marges.

DEBUCOURT (P.)

32. **Les Aveugles.** D'après Carle Vernet. *A Paris, chez l'Auteur et chez Ch. Bance.* — In-fol. en larg., à *l'aquatinte*. Très belle épreuve *coloriée*. Marges.

33. — **La March^de d'Eau de Vie.** D'ap. C. Vernet. *A Paris, chez Bance.* — In-fol., à *l'aquatinte*. Belle épreuve *coloriée*, marges.

34. — **La Croisée.** Bonne épreuve *imprimée en couleurs*, avec quelques rehauts, sans marges (Fenaille 38).

DEMARTEAU (G.)

35. **Tête de femme.** *Cinquième estampe à plusieurs crayons.* D'après F. Boucher. N° 132. In-4, en manière de crayon.

Belle épreuve *imprimée en plusieurs tons.*

DE TROY (d'ap. F.)

36. **Mezetin** (A. Constantini, dans le rôle de). Gravé par C. Vermeulen. Gr. in-fol. Belle épreuve.

DICKINSON (W.)

37 .**Samuel.** D'après J. Dean. 1805. — **Isaac Reed.** D'après G. Romney. — **Soame Jenyns,** Esq. D'après J. Reynolds, 1776. — **John Wilkes,** Lord Mayor of the City of London. D'après R. E. Pine. 1774. — Quatre pièces. In-fol., *à la manière noire.* Très belles épreuves.

DIVERS

38. **L'Attente du Plaisir.** Gravé par Lempereur, d'après A. Carrache. — **Siège de Tournay,** 1667. Gravé par S. Le Clerc, d'après Ch. Le Brun. — **La Toilette; le Carnaval perpétuel; Le Fardeau des Pères.** 3 pièces par N. Guérard. — Ens. 5 pièces encadrées et sous verre.

39. — **Marie-Antoinette** Queen of France in the Prison of the Conciergerie. Gravé par G. Keating, d'ap. Mme la M^ise^ de Brehan. 1796. — **Mort de J. P. Marat.** Gravé par N. Schiarvonetti, d'ap. Pellegrini, 1794. — **Sultan Selim Khan IIIme,** 28e empereur othoman. — **Maria de Gloria II,** Reina dos Portugal. Gravé par Touchard. — Quatre pièces, dont *3 imprimées en couleurs.*

40. — **Les Oranges; les Visites.** 2 pièces par Debucourt. *Epr. coloriées.* — **Le Satyre amoureux; le Satyre refusé** 2 pièces par Demarteau, d'après Carême. *Epr. imprimées en sanguine.* — Ens. 4 pièces.

Reproductions modernes. — Encadrées.

41. — **A St Gilles's Beauty; A St James's Beauty.** 2 p. par Bartolozzi, d'après Benwell. — **Eloisa meditating on St Preux's Letter.** Peint par Wheatley. — **Angelica Kauffman** Gravé par Bartolozzi, d'après J. Reynolds, 1780. — Ens. 4 pièces.

Reproductions *en couleurs et en sanguine.* Encadrées.

42. — **St Hubert**, par A. Durer. Ep. fatiguée. — **Le Poëte Virgile suspendu dans un panier**, par Lucas de Leyde. 1525. Ep. *fatiguée.* — **L'Empereur Constantin haraguant ses troupes**. Gravé par Salandri, d'après Raphaël. — Trois pièces encadrées.

43. — **Sujets divers, Paysages** par Waterloo, **Costumes, etc.** — Lot de 31 pièces.

44. — **Charles-Philippe de France, Cte d'Artois** (Charles X). Portrait grandeur nature. Dess. par Buguet. Gravé par N. Bertrand. Belle ép. *imp. en couleurs, avec rehauts.* — **The Eve of the Deluge.** Peint et gravé par J. Martin. — **Marines**. 2 pièces d'après J. Vernet. Epr. sans marges, etc. — Ens. 6 pièces.

45. — **Plutarque Français**. Portraits en pied. Lot de plusieurs centaines de pièces, épreuves *avant la lettre, sur chine*, et **en nombre**.

DURER (A.)

46. **Adam et Ève**. Copie par J. Wierix, 1566. — **L'Homme de douleurs** (3). — **Jésus devant Pilate** (7). — **Le Portement de Croix** (12). — **La Vierge donnant le sein à l'enfant Jésus**. *Copie.* — **La Mort de la Vierge**. Bois (93). — **Hérodiade recevant la tête de St Jean**. *Bois*. 1511 (126), etc. — Huit pièces.

DYCK (d'ap. Ant.)

47. **Paul Pontius**. Gravé à la manière noire par J. Watson, 1777. — **G. Ch. H. Prisio, Pce d'Orange.** Gravé à la manière noire par J. Faber. — **Helena Forman, Rubens's Second Wife**. Gravé par Th. Chambars, 1767. — **Henricus Arundelliæ Comes**. Gravé par P. Lombart. — Quatre pièces. Belles épreuves.

48. — **Charles II**, Roi d'Angleterre. — **J. Weston, Cte de Portland.** — **Wenceslaus Cœberger.** — **Gaspar de Crayer**. — **Gerardus Segers.** — 5 pièces gravées par Hollar, Wœstermans, et Paul Pontuis.

EARLOM (Richard)

49. **A Plower Pièce ;**
A Fruit Pièce.
Deux pièces faisant pendants, d'après J. Van Huysum. 1778-1781. Gr. in-fol., *à la manière noire.*

Très belles épreuves *avant la lettre.* Encadrée.

50. — **A Herb Market**. D'après Snyders. 1779. — **The Virgin and Child.** D'après Cantarini. 1769. 2 pièces *à la manière noire*.

Écoles anciennes

51. **Misères de la Guerre** (Pl. 5), par J. Callot. — **Ver** (Les Saisons anglaises), par Hollar, 1641. — **Portraits divers,** par Hollar. — **Ornements d'orfèvrerie,** par Delaulne. — **S. Grégoire,** par Cl. Mellan. — **Terburg**, par A. Bartsch. — **Les Petits Tonneliers,** par Boissieu, etc. — 17 pièces, belles épreuves.

52. — **Le Christ et la Samaritaine,** par Th. (Dirk) van Staren. — **Le Temps enlevant la vérité,** par V. Solis. — **Judith coupant la tête à Holopherne,** par Isaac Brunn. — **Sujets de l'ancien Testament,** par P. Woeiriot, 6 pièces. — **Le Sacrifice de Priape**, par le Maître au dé. — **Jupiter et Calisto**, par Dom. Vitus. — **Adam et Eve mangeant du fruit défendu,** par J. de Gourmont. — **Vénus et l'Amour portés sur des dauphins**, par Marc de Ravenne, etc. — 26 pièces.

53. — **Sujets divers,** par et d'ap. H. Goltzius, N. de Bruyn, Van Vliet, M. Snyders, R. Sadeler, etc. — 25 pièces.

54. — **Paysages,** par Both, J. Almeloveen, Lucas van Uden, etc. — 15 pièces.

Écoles anglaise et française

55. — **La Lanterne magique ; la Balançoire d'amour** — Deux petites pièces de forme ronde. Gravures anonymes au pointillé.

Belles épreuves *imprimées en couleurs.*

56. — **Le Sommeil** ? Petite pièce de forme ronde. Gravure anonyme au pointillé.

Très belle épreuve *avant toute lettre, imprimée en bistre* et à toutes marges.

57 — **Télémaque dans l'île de Calypso.** — **Sujet de l'histoire ancienne.** — Deux petites pièces de forme ovale, **imprimées en couleurs.** Belles épreuves sans marges.

58. — **Education**. Gravé par Wm Bond, d'après H. Singleton. 1793. *Imp. en bistre.* — **Générosité des Femmes Romaines**. Dess. par Boizot. Gravé par Ruotte. *Imp. en couleurs.* — **Assemblée des Connoisseurs.** Dess. par John Boyne. Gravé par Th. Williamson. 1807. — **Agrippina**. Gravé par Vanden Berghe 1789, d'ap. Van Regemorter. — Quatre pièces.

59. — **Vénus à sa toilette**. Gravé par Aveline. — **Bacchus et Ariadne.** Gravé par Lempereur, d'après Pierre. — **La Game d'Amour**. Gravé par Le Bas. d'ap. Watteau. — **Loth et ses filles.** Gravé par Lempereur, d'ap. De Troy. — **Le Rafraîchissement des Voïageuses**. Gravé par Daullé, d'ap. Boucher. — **Le Chasseur fortuné ; Rendez-vous de chasse**. 2 p. par Le Bas, d'ap. Van Falens. — **Suzanne et les deux vieillards**. Gravé par L. Cars, d'ap. De Troy, etc. — 10 pièces.

60. — **L'Education Badine.** Gravé par Langlois, d'après Scalcken, dont *1 avant lettre* — **Héro et Léandre.** Gravé par Laugier, 1816, d'après Delorme. — **The Politician**. Gravé par Ryder, d'ap. S. Elmer, 1782. — **L'Adieu au Monde**. Gravé par Bosq, 1826, d'après Lescot Haudebourt. — **Apothéose d'Octave et Alfred, Princes d'Angleterre**. Gravé par R. Strange, 1786, d'ap. B. West. — **Cornélie.** Dess. et gravé par Duvivier, etc. — Ens. 8 pièces.

61. — **Sujets d'enfants.** 6 pièces. — Sujets d'amours. 4 pièces. — L'Etude ; la Consultation. 2 p., etc. — Ens. 14 petites pièces de forme rondes, **imp. en couleurs**, *et rehaussées (2 imp. en bleu)*.

Estampes Modernes

BUHOT (Félix)

62. **Une Matinée d'Hiver au quai de l'Hôtel-Dieu** (123). — Très belle épreuve du *3e état* (sur 4), *avec les croquis dans la marge du bas, timbrée.*

CHAM

63. **Les Tortures de la Mode**. *Paris, s. d.* — Album de 26 planches ; in-4, broché, couv.

DAUMIER (H.)

64. **Les Bons Bourgeois**. Pl. 26 à 47, soit 22 planches (sur 82) en 1 album in-4, broché.

65. — **Les Bohémiens de Paris**. *Paris, s. d.* Couv. et 25 planches (sur 28) lithographiées (Pl. 1 à 25) en 1 album in-4 broché, couv. conservée. (Petite déchirure à 1 planche).

66. — **Pastorales**. Suite complète de 50 planches lithographiées, en 1 album in-4, cart. toile d'édit. Belles épreuves *coloriées* (restaurations à la pl. 25, 26 et 31).

DELACROIX (Eug.)

67. **Faust**. Tragédie de M. de Gœthe. Ornée d'un portrait de l'auteur et de 17 dessins par Eug. Delacroix. *Paris, Motte,* 1828. In-fol., demi-rel. Bel exemplaire (Une planche légèrement rognée du haut).

DORÉ (Gustave)

68. **La Ménagerie Parisienne.** *Paris, s. d.* Couv (recto). Titre et 24 planches lithographiées,en 1 album in-4 obl., broché. (Restauration à la 1re planche).

HADEN (F. Seymour)

69. **Fulham** (Harrington 19). Belle épreuve du 2e *état, avec le pont en bois, sur japon.*

70. — **La Tamise à Batterseau, vue de la fenêtre de Whistler** *(Old Chelsea, Out of Whistler Window)*, 1863. — Très belle épreuve du *1er état publié.*

HELLEU

71. **Comtesse de Noailles;**
Liane de Pougy.
Deux pointes sèches originales. Gr. in-fol.

Très belles épreuves *signées.* Encadrées.

LEGROS (A.)

72. **Le Réfectoire** (55); le **Manège** (75); **la Mort et le Bûcheron; la Charrette; G. F. Watts,** etc. — Six pièces, belles épreuves *(2 sur japon).*

73. — **Dalou** (41). — **Poynter** (C. J.) (42). — **L'Orage.** Trois eaux-fortes originales. Belles épreuves. *(1 avant lettre).*

MAURIN (A.)

74. **Le Mari malade.** Lithographie. In-fol. Belle épreuve *coloriée.* Encadrée.

MERYON (Ch.)

75. **Le Petit Pont** (24); **La Tour de l'Horloge** (28). — Deux eaux-fortes originales. Très belles épreuves *du tirage de l'Artiste, sur chine monté.*

76. — **Bain-froid Chevrier, dit de l'Ecole** (L. D. 44). — Belle épreuve du 5e *état, avant la lettre, sur papier ancien.*

MÉRYON (C.) — LEPÈRE (A).

77. **Tourelle rue de l'Ecole de Médecine. — Bain Froid Chevrier. — Le quartier des Gobelins.** — Trois pièces. Belles épreuves.

ROUSSEAU (Th.)

78. **Chênes de roche** (4). Eau-forte originale. Belle épreuve *sur chine monté.*

THAULOW (F.)

79. **La Diligence. — Vieilles Fabriques.** Deux pièces. Très belles épreuves *imprimées en couleurs, signées par sa femme.* Encadrées.

WHISTLER

80. **The Storm** (Wedmore 77). — Belle épreuve. Rare.

ZORN (A.)

81. **Portrait de Billy Mason,** Sénateur américain (Loys Delteil 158). — Très belle épreuve au *1er état, avant la lettre, sur papier du Japon.* Tiré à 50 épreuves.

EAUX-FORTES MODERNES

82. **Perth Bridge. — Upper Green Charterhouse. — La Porte Gayole, Boulogne-sur-Mer. — La Charette. — Le Pont de Bercy. — La Cathédrale de Meaux. — Petit porche de St-Etienne du Mont,** etc. – 11 pièces par Cameron, Mac Laughan, Numans, John Marin, Robida, etc. Belles épreuves.

83. — **Portrait d'Alph. Legros.** Ep. *avant lettre.* — **Un Morceau de Schumann.** — **Le Wagg-Poids de la Ville d'Amsterdam.** — **Le Matin dans le Valbois.** — **Vase en émail cloisonné,** etc. — 12 pièces par Bracquemond, Fantin-Latour, Lalanne, Rapin, Jacquemart, Helleu, etc.

LITHOGRAPHIES

84. **Galerie du Palais-Royal :** Jeune pâtre napolitain ; Ismayl et Maryam ; Daphnis ; le Petit Savoyard ; Cendrillon ; les Descendants de Michau ; Côtes de Normandie ; etc., etc. — Réunion de 27 lithographies par Aubry-Lecomte, Bellay, Barathier, Atthalain, Marin Lavigne, etc., d'ap. Monvoisin, Michallon, H. Vernet, Duval Le Camus, Vallin, etc. Belles épreuves *coloriées* (2 en noir)

FINLAYSON (J.) — GROZER (Jos.)

85. **Zamperini** (Signora), in the Character of Cecchina. D'après N. Hone. 1769. — **Ann Yearsley, the Bristol Milkwoman.** D'après Sarah Schiells. 1787. — Deux portraits *à la manière noire.* Très belles épreuves.

FRAGONARD (d'ap. H.)

86. **Le Baiser à la dérobée.** Gravé par N.-F. Regnault. *A Paris, chez Regnault.* Bonne épreuve *rehaussée en couleurs,* marges. Encadrée.

87. — **La Résistance inutile.** Gravé par Vidal. Belle épreuve. Encadrée.

FREUDEBERG (d'ap. S.)

88. **La Matinée.** Gravé par Bosse. — Belle épreuve à grandes marges.

GAINSBOROUGH (d'ap.)

89. **Sir Charles Thompson**. Baronet, Vice Admiral of the Red. Gravé par Earlom, 1800. In-fol., *à la manière noire*. — Très belle épreuve.

GREEN (V.)

90. **Miss Martha Ray**, who was murdered April 7. 1779. D'ap. N. Dance. 1779. — **Mrs Clark**. D'après E. F. Calze, 1771. — **John Bird of London**. D'après Lewis, 1776. — Trois pièces. Gr. in-fol., *à la manière noire*. Très belles épreuves.

GREUZE (d'ap. J. B.)

91. **La Cruche cassée**. Gravé par Massard, 1773. Bonne épreuve, un peu frottée.

HAID (Les)

92. **Maxim. Hell**, astronome. — **G. P. Rugendas**, peintre. — **P. Egell**. — **M. F. Kleinert**, peintre. — **Bodmer**. — **M[ise] du Chatelet**. — **Haid (J. J.)**. — **Joseph, archiduc d'Autriche**. — **Herz (J. D.)**, graveur, fumant la pipe. — **Weinman (J. G.)**, Pharmacien, etc. — 16 portraits gravés *à la manière noire*. Belles épreuves.

HOGARTH (W.)

93. **The Genuine Graphic Works of Will. Hogarth**, consisting of one hundrad and Sixty engravings, faithfully copied the originals. By Th. Cook. *London*, 1808. 1 vol. in-4, cart. anc., *non rogné*.

HOPFER (D. et I.)

94. **Pilate jugeant Jésus-Christ** (B. 9); **Satyre** (33); **Trois hommes nus attachés** (39), etc. — Quatre pièces.

HOUSTON (R[d])

95. **Charlotte Queen of Great Britain**. D'après A. Zaffony, 1772. Gr. in-fol. A mi-genoux. Gravé *à la manière noire*. Très belle épreuve.

HUBERT-ROBERT (d'ap.)

96. **Restes du Palais du Pape Jules**. Gravé par Janinet. Belle épreuve *imprimée en couleurs*, sans marges.

HUET (d'ap. J. B.)

97. **Le départ d'une Foire**. Gravé par Jubier. N° 732. Belle épreuve **imprimée en couleurs**, sans marges. Encadrée.

98. — **Vue de l'Intérieur d'une Ferme**. Gravé par Jubier. *A Paris, chez Bonnet*. In-fol. en larg. — Belle épreuve *imprimée en plusieurs tons*. Marges.

JANINET

99. **La Bacchante ényvrée ; le Satyre amoureux**. Deux pièces faisant pendants, d'après Caresme. — Superbes épreuves **avant toute lettre, imprimées en couleurs**, marges. — *Elles sont de toute fraicheur*.

100. — **Le Char de Galathée**. D'après Bouchardon. *A Paris, chez Basan et Poignant*. Superbe épreuve **imprimée en couleurs** et à belles marges. De toute fraîcheur.

101. — **Hébé ; la Jeune Vestale**. Deux pièces faisant pendants. D'après Le Barbier. *A Paris, chez Basan et Poignant*. Superbes épreuves **imprimées en couleurs** et à belles marges. De toute fraicheur.

102. — **Ruines Romaines**. Petite pièce de forme ronde. Très belle épr., *imp. en couleurs*, sans marges.

JAZET

103. **Le Marché Conclu.** *A Paris, chez Basset.* In-fol. en larg., *à l'aquatinte.* Belle épreuve *rehaussée en couleurs.* Encadrée.

JEAURAT (d'ap. Et.)

104. **Déménagement d'un Peintre.** Gravé par C. Duflos. *A Paris, chez Cl. Duflos.* Belle épreuve encadrée.

KAUFFMANN (d'ap. A.)

105. **Cymon and Iphégenia.** Gravé par Legrand. Pièce de forme ronde. In-fol. au pointillé. Belle épreuve *imprimée en couleurs et rehaussée.* Encadrée, cadre ancien.

106. — **Lady Campbell ; Loadaemia.** Deux pièces faisant pendants. Gravées par G. Scorodoomoff. In-4 ovale, au pointillé. Belles épreuves *imprimées en couleurs.* Encadrées, cadres ovales.

KAUFFMANN et VANGORP (d'ap.)

107. **L'Attention ; L'Inattention.** Deux pièces de forme ovale, faisant pendants, gravées au pointillé par Honoré. — Belles ép. *imprimées en couleurs.* Encadrées.

LALLEMAND (d'ap.) ?

108. **Intérieur des Thermes de Caracalla.** Gravure à l'eau-forte **aquarellée** et montée en dessin. Gr. in-fol. Belle épreuve.

LAURIE et WHITTLE (*London, publ. by*)

109 **Autum.** 1794. Gravure *à la manière noire.* Epr. *coloriée.*

LAWREINCE (d'ap. N.)

110. **L'Assemblée au Salon ; L'Assemblée au Concert.** Deux pièces faisant pendants. Gravées par F. Dequevauviller. *A Paris, chez Dequevauviller. A. P. D. R.* In-fol. en larg. (Brocher 5 et 6).

Bonnes épreuves du *premier tirage*, mais épidermées en plusieurs endroits.

111. — **les mêmes.** 2 pièces. Belles épreuves *rognées*. Encadrées.

112. **Le Directeur des Toilettes.** Gravé par Voyez l'aîné. Epreuve rognée à l'encadrement et *gouachée*. Encadrée.

LE BRUN (d'ap. Ch.)

113. **Entrevue de Louis XIV et de Philippe IV**, roy d'Espagne, dans l'Isle des Faisans, 1660. — **Cérémonie du Mariage de Louis XIV avec Marie-Thérèse,** 1660. — **Siège de Douay** en l'année 1667. — **Siège de Tournay** en l'année 1667. Série de quatre pièces gravées par Séb. Le Clerc et Jeaurat, d'après les Tapisseries de Ch. Le Brun. Belles épreuves *coloriées* et encadrées.

LE GRAND (Aug.)

114. **Le Travail ; la Récompense.** Deux pièces faisant pendants. *A Paris, chez Bance.* Belles ép. **imprimées en couleurs.** Marges (Mouillure à une pièce).

LE CŒUR (*A Paris, chez*)

115. **The Making Up.** Petite pièce de forme ovale. Belle épreuve *imprimée en couleurs*, marges.

LE SUEUR (d'ap.)

116. **Vue d'une laiterie près St-Maur-les-Paris.** — **Vue d'une Ruine près St-Maur-les-Paris.** — Deux pièces faisant pendants. Gravées par Mlle Le Roy. In-fol. en larg., *en manière de crayon.* — Belles épreuves *rehaussées en sanguine.* Encadrées.

LEYDE (Lucas de)

117. **Le Péché d'Adam et Eve** (B. 10). — **Le Baptême de Jésus-Christ** (40). — **Jésus-Christ présenté au peuple** (70). — **Le Calvaire** (74). — **S. Jérôme** (112). **La Prudence** (130). — **Mars et Vénus** (137). — **Ornements,** etc. — Réunion de 20 pièces, originaux et copies.

MALLET (d'ap.)

118. **Par ici !...** Gravé par Copia. Très belle épreuve.

MANIÈRES NOIRES

119. **The Connoisseur and Tired Boy.** *London, Printed for R. Sayer and J. Bennet, 1776.* — **St Anthony and the Infant Jesus.** Gravé par J. Dean, d'après Murillo. — **Deux officiers auprès d'une femme** qui dort à la lueur d'une chandelle. Gravé par W. Baillie, 1774, d'ap. G. Dow., etc. — Quatre pièces, belles épreuves *(1 av^t lettre).*

120. — **Lady Erskine.** *Printed for Carington Bowles.* — **Mrs Brooks.** Gravé par Corbutt. — **Miss Peel.** Gravé par Swebach, d'ap. Lawrence. — **Lady Jane Clifford.** Gravé par Dixon, d'ap. Kneller. — **Vanity.** Gravé par J. Smith, d'ap. Lemens. — **The Dutch Concert,** etc. — Douze pièces, belles épreuves.

MARTINET (A Paris, chez)

121. **Le Suprême Bon Ton, n° 12. La Parisienne à Londres.** — Très belle ép. *coloriée*, à toutes marges.

MÉTAY (d'ap.)

122. **Diane au Bain.** Gravé par Viel. *A Paris, chez Marel.* In-fol. — Très belle épreuve **imprimée en couleurs.**

MONNET (d'ap.)

123. **Principales Journées de la Révolution.** *A Paris, chez Decrouan.* Suite complète de Table et 15 estampes gravées par Helman. Gr. in-fol. en larg., demi-rel. — On a ajouté à la fin du volume une pièce : Le Retour. Dédié aux guerriers français.

MOREAU LE JEUNE (d'ap. J. M.)

124. **Memnon ou l'Ecœuil de la Sagesse.** Gravé par Vidal. *A Paris, chez l'Auteur.* Belle épreuve, gr. marges.

MORGHEN (R.) et VOLPATO

125. **Le Char de l'Aurore** D'ap. G. Reni et Fr. Barbieri. Deux pièces gr. in-fol. en larg. Encadrées.

MORLAND (d'ap. G.)

126. **A Visit to the Child at Nurse ;**
A Visit to the Boarding-School.
Deux pièces faisant pendants. Gravées par W. Ward. Gr. in fol. en larg., *à la manière noire.* — Belles épreuves *rehaussées en couleur.* Encadrées.

127. — **Girl and Calves ;**
Girl and Pigs.
Deux pièces faisant pendants. Gravées par W. Ward. In-fol. en larg. Très belles épreuves *imprimées en couleurs*. Sans marges. Encadrées.

128. — **La Visite à la Nourrice.** Réduction de forme ovale en larg. Gravure anonyme au pointillé. Très belle épreuve *avant toute lettre*, *imprimée en bistre* et à grandes marges.

129. — **Scènes anglaises.** Deux pièces faisant pendants, gravées par Bartolotti. Epreuves *avant la lettre*.

MOUCHET (d'ap.)

130. **Le Larcin d'Amour.** Gravé par Prot. In-fol. de forme ovale. Belle épreuve **avant la lettre.**

NORBLIN

131. **L'Adoration des Bergers.** — **La Petite résurrection de Lazare.** — **Le Dessinateur.** — **La Liseuse.** — **Paysages.** — Huit pièces. Belles épreuves sur *chine*.

OSTADE (A. Van) — TENIERS (D.)

132. **Le Coup de couteau** (B. 18). — **Le Savetier** (27). — **Le Violon et le petit Vielleur** (45). Ep. *impr. en sanguine*. — **Vieillard tenant un verre,** etc. — Cinq pièces.

PENCZ (Georges)

133. **Esther** (B. 8) ; **Joseph raconte ses songes** (9) ; **Judith et Holoferne** (25) ; **Susanne au bain** (26) ; **Médée** (71) ; **Mort de Lucrèce** (79) ; **Cloelia** (81) ; **Le Triomphe de l'Eternité** (122), etc. — Réunion de 13 pièces.

PORTRAITS

134. **Pierre de la Roche,** Mousquetaire du Roy. Gravé par I. Sarrabat, d'après R. Tournière. — **The Rev. John Herries**. Gravé par Read, d'ap. Martin, 1776. — **Ricardus Cooper** Pictor, d'ap. G. Schroider. — **Alexander, Graf von Westerholt**. Gravé par Ph. de Stubenrauch, 1807, d'ap. C. Klotz, etc. — Cinq portraits *à la manière noire*. Belles épreuves.

135. — **The Marriage of Richard Duke of York with Lady Ann Mowbray**. Gravé par W. Say, d'ap. J. Northcote. 1826. — **Thomas Herring,** Archbishop of Canterbury. Gravé par J. Faber, d'après Th. Hudson. — **M. George Lister**. Gravé par W. Say, d'ap. W. Autaud, 1804. — **Frederick V of Simmerin,** Elector Palatine, 1610. Gravé par Ch. Turner, 1813. — **Antonius Champion.** Gravé par Ch. Turner, 1807, d'après B. Wilson. — **John Vaughan, earl of Carbery.** Gravé par J. Faber, 1733, d'ap. G. Kneller. — Ens. 6 portraits *à la manière noire*. Belles épreuves.

136. — **Portraits de Femmes : Mrs Jenny Deering**. Gravé par Ch. Townley, d'ap. P. Lilly, 1787. — **Signora Sestini**. Gravé par J. Jones, d'ap. Lawranson. — **H. R. H. Augusta, P^ss^ of Wales**. Gravé par I. Faber, d'ap. Ch. Philips, 1737. — **C^ss^ of Sunderland**. Gravé par I. Simon, d'ap. C. d'Agar, etc. — Cinq pièces *à la manière noire*.

137. — **Copley** (Catherine, Lady). — **Portraits de Femmes anglais**. — Réunion de 4 portraits gravées *à la manière noire* par J. Smith, J. Faber et E. Fisher, d'ap. G. Kneller, Hamlet Winstanley et W. Hoare. Très belles épreuves *avant la lettre*.

138. — **François de Médicis**, Grand Duc de Toscane ; **Jeanne d'Autriche**. Grande duchesse de Toscane. 2 pièces gravées par Edelinck, d'ap. Rubens. — **Anne d'Autriche**. Gravé par Nanteuil, d'après Mignard. 1660 *(Tirage postérieur)*. — **J. P. Bignon**. Gravé par B. Audran, d'après Vivien.— **Philippe, duc d'Anjou**. Gravé par Edelinck, d'ap. De Troy *(Tirage postérieur)*. — **Mirabeau**. Gravé par Audouin. — **Le Noir**. Gravé par Chevillet, d'après, Greuze, etc. — 8 pièces.

139. — **S. A. R. Charles Jean, Prince Royal de Suède**. Gravé par W. Dickinson, d'après Gérard. — **Christian VII, King of Denmark**. *Publ. by T. Bowen, 1768*. — **Ferdinand IV, Roy des Deux-Siciles** Gravé par J. Pichler, 1791, d'après Kreuzinger. — Trois pièces. In-fol , *à la manière noire*. Très belles épreuves.

140. — **Portraits divers étrangers** gravés *à la manière noire* par Chr. Weigel, B. Vogel, P. Schenck, Blooteling, Fenizer, Negges. G. Bodenehr, etc.— 27 pièces.

141. — **Portraits divers étrangers,** gravés par Suyderhouf, B. Kilian, J. Houbraken, Vosterman, Bernigeroth, Blooteling, etc. — 50 pièces.

142. — **J. B. Massé**. Gravé par Wille, d'ap. Tocqué, 1755. Ep. de *tirage postérieur*. — **J. J. Rousseau**. Gravé par Nochez, d'ap. Ramsay, 1769. — **De La Rive**. Acteur. Gravé par L. Lire. Ep. *imprimée en 2 tons*. — Ens. 3 portraits.

RANSONNETTE (N.)

143. **Henri IV chez Michel Richard, dit Michau, meunier à Lieursain**. 1810. — **Henri IV ramené au Louvre après le coup funeste qu'il reçut à la rue de la Féronnerie**. — Deux pièces. Belles épreuves encadrées.

REMBRANDT

144 **Le Repos en Egypte** (57). — **St-Jérôme en prière** — **Le Maître d'Ecole** (128). — **Clement de Jonghe** (272). — **J. Wtenbogardus** (279). 5 pièces.

145. — **Clement de Jonghe**, 1651 (272). — **Abraham Franz** (273). — **Lutma**. 1656 (276). — **J. Wtenbogardus**, 1655 (279). — Quatre pièces.

REMBRANDT (d'après)

146. **Rembrandt's Mother.** Gravé par J. G. Haid. *J. Boydell, excudit, 1761.* — **Rembrant Van Ryn.** Gravé par Pierre Van Bleech, 1741. — Deux pièces in-fol., *à la manière noire.* Belles épreuves, la 2e un peu frottée.

REYNOLDS (d'ap. J.)

147. **Lady Selina Hastings.** Gravé par C. Spooner. — **Elisabeth Css of Northumberland.** Gravé par R. Houston. — **Miss Nelly O'Brien.** Gravé par C. Spooner. — **Maria Css of Waldegrave, and her Daughter Lady Elizabeth Laura.** Gravé par R. Brookshaw. — **Cartouche.** Gravé par J. Dean, 1806. — Cinq pièces gravées *à la manière noire.* Belles épreuves.

ROUSSEAU ET CHAPONNIER

148. **Pensée d'Amour ; Rose d'Amour.** — Deux pièces faisant pendants. In-4 en larg., au pointillé. Epreuves encadrées.

SERGENT-MARCEAU

149. **Marceau.** Né à Chartres, Soldat à XVI ans, général à XXIII, mort à XXVII. In-fol. En pied. Très belle épreuve **imprimée en couleurs**, avec marges. Encadrée.

SICARDI (d'ap.)

150. **Oh! che Boccone!; Oh! che Gusto!** Deux pièces faisant pendants, gravées par Burke et Copia. Belles épreuves.

SMITH (J. R.)

151 **A Sclavonian Lady.** D'après Wm Peters. *Publ. 1776. by John Boydell.* In-4, *à la manière noire.* Belle épreuve.

SMITH (J.)

152. **Clifford** (Richard Lord), and Lady Jahn his Sister. D'après Kneller. — **Schonberg** (Frederick, duke of). — **Charles III**, roi d'Espagne. — **H. R. H. Wilhelmina Charlotta, Princess of Wales.** — **Verney** (M. Grevil). — **Velde** (Gul. Vande) junior — **Lellii** (Petrus). — Sept portraits d'après G. Kneller, Dahll et Lelli, gravées *à la manière noire* par J. Smith (1 par R. William). Belles épreuves.

TAUNAY (d'ap.)

153. **Noce de Village.** Gravé par Descourtis. — Epreuve *incomplète*, ne comprenant que le sujet principal, **imprimée en couleurs.** Encadrée.

On y a joint une **Estampe anglaise** au pointillé, de forme ovale. Epreuve sans marges, *imprimée en couleurs.*

VERNET (J.) — VANDREVER (d'ap.)

154. **Le Matin.** Gravé par Aliamet. — **Vue de Scheveingue.** Gravé par J. Ph. Le Bas. — Deux pièces, épreuves encadrées.

On y a joint: **Marche de Silène.** Gravé par De Launay, d'ap. Rubens. Ep. de tirage postérieur. Encadrée.
Ensemble 3 pièces.

WARD (J.)

155. **W^m^. Henry West Betty**, ætatis suae 13. D'après J. Northcote. 1805. — **John Revoull,** Master of the Walworth Academy. D'après W. Beechey. — Deux pièces. In-fol., *à la manière noire.* Très belles épreuves.

WATTEAU (d'ap. A.)

156. **La Partie quarrée.** Gravé par J. Moyreau. Belle épreuve sans marges, titre rapporté.

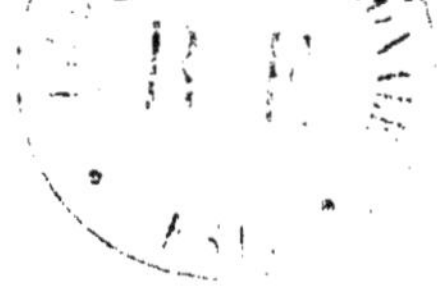

Charles BRANDE
IMPRIMEUR
23, Rue de l'Eglise
Le Vésinet

www.ingramcontent.com/pod-product-compliance
Ingram Content Group UK Ltd.
Pitfield, Milton Keynes, MK11 3LW, UK
UKHW020513180726
13839UKWH00005B/2052

9 782329 527536